CONGRÈS INTERNATIONAL

DE

L'HYPNOTISME EXPÉRIMENTAL

ET THÉRAPEUTIQUE

Tenu à Paris, du 8 au 12 août 1889.

ARGUMENTS PRÉSENTÉS

Par le D' Fr. GUERMONPREZ (de Lille).

LILLE,
L. QUARRÉ, ÉDITEUR,
GRANDE-PLACE.
—
1889.

ARGUMENTS PRÉSENTÉS

après le rapport de M. le Professeur Bernheim (de Nancy), sur la valeur relative des divers procédés destinés à provoquer l'hypnose et à augmenter la suggestibilité au point de vue thérapeutique.

Quand un débat s'élève entre deux opinions aussi contradictoires, il n'est pas toujours nécessaire de prendre parti ; aussi je m'abstiendrai d'opiner pour l'école de la Salpêtrière ou pour celle de Nancy.

Autant que tout autre j'ai apprécié la haute valeur du très remarquable rapport dont nous venons d'entendre la lecture. C'est une façon magistrale, absolument académique de démontrer toute la puissance de la suggestion. Avec un talent que personne ne peut contester, M. le professeur Bernheim nous a admirablement établi toute la dextérité dont il dispose pour employer avec art les diverses manières de suggestion. Ce point est bien acquis et il n'est nullement question de le diminuer.

Je le prie toutefois de me permettre de lui présenter très respectueusement l'expression de mes regrets au sujet de la façon exclusive dont il entend tout rapporter à la suggestion.

C'est là une façon trop absolue, et il me paraît indispensable d'insister afin qu'il soit bien établi qu'au Congrès, tout le monde n'accepte pas l'opinion professée à Nancy et soutenue si éloquemment ici par M. le professeur Bernheim.

Messieurs, nous venons d'entendre une protestation présentée par un honorable confrère anglais, au nom de l'homœopathie. Nous n'avons pas à discuter ici si les globules d'Hahnemann agissent par suggestion ou par action dynamique ; mais nous avons entendu une profession de foi homœopathique ; qu'il me soit permis d'y opposer nos convictions allopathiques, à l'ombre de ce buste de notre célèbre Trousseau. Tous ceux d'entre nous qui pourraient éprouver le besoin de raffermir leur foi dans la médecine traditionnelle n'ont qu'à relire les pages puissamment écrites sur la question dans le *Traité de matière médicale et de thérapeutique*. C'est l'un des beaux morceaux *littéraires* du professeur éloquent qui a jeté tant d'éclat sur l'enseignement donné à l'Hôtel-Dieu de Paris.

Je n'insisterai donc pas sur ce point. Mais il en est plusieurs autres sur lesquels je prie le Congrès de m'accorder quelques instants d'attention.

M. Bernheim nous a dit que toutes les pratiques hypnogènes se ramènent à la suggestion. Pour lui, la fatigue que donne la fixation du regard, les passes diverses, l'attouchement des zônes hypnogènes et le reste, tout cela n'agit que par suggestion. Pour lui, l'hypnotiseur en déterminant l'hypnose par les divers agents physiques connus, fait inconsciemment de la suggestion. Pour lui, lorsqu'il n'y a pas d'hypotiseur en cause, c'est le sujet qui se suggestionne lui-même, c'est le sujet qui fait de l'auto-suggestion ; c'est encore le résultat des suggestions antérieures, plus ou moins inconscientes d'hypnotiseur passé. (M. Berheim fait un signe d'assentiment).

Eh bien ! je le demande : comment est-il possible d'admettre la suggestion lorsque l'hypnose est produite chez les animaux ? lorsqu'elle est obtenue chez les poulpes, les seiches, les crabes, les homards, les langoustes, les écrevisses, les grenouilles, les crocodiles, les serpents et les cobayes ? l'hypnotisation de ces divers animaux est cependant un fait acquis. Nous venons d'en avoir une preuve nouvelle par une très belle communication présentée par M. Danielwski (de Karkoff), dans une autre assemblée. Je n'ai pas à l'apprendre à M. le professeur Bernheim : c'est lui-même qui présidait la séance, au cours de laquelle nous avons eu la bonne fortune d'entendre cette curieuse communication.

Et chez les enfants, M. Bernheim a eu la bonté de nous apprendre dans une autre enceinte comment M. Liébault (de Nancy) arrivait à une hynoptisation réelle, même chez les enfants à la mamelle. Il lui suffit d'appliquer une main sur le ventre, et l'autre sur le dos du petit sujet. M. Bernheim lui-même nous a dit qu'il avait réussi à hypnotiser pendant les premières années de la vie. S'il croit que ces manœuvres peuvent encore être qualifiées « suggestives », j'ai le regret de lui dire que, malgré sa grande autorité, il m'est impossible d'accepter son opinion.

Je me fais de la suggestion et de l'auto-suggestion une idée absolument différente.

D'ailleurs, il existe des faits, dans lesquels les agents physiques ont déterminé le sommeil hypnotique sans que le sujet soit prévenu, sans qu'aucune suggestion soit en cause. C'est ainsi qu'un coup de fusil, un coup de gong ou de tam, une lumière intense, ont fait tomber les malades pour la première fois en catalepsie hypnotique. Il n'est pas question de mettre ici en cause une suggestion antérieure : il s'agit d'une première attaque du sommeil provoqué.

Et cette hystérique qui s'introduit furtivement dans un cabinet de la Salpêtrière dans le but d'y dérober une photographie ? Elle était en train d'accomplir son larcin ; le tiroir était ouvert, elle mettait la main sur la photographie convoitée, et brusquement elle était tombée en catalepsie ! Est-il possible d'admettre qu'elle se soit suggéré l'hypnose pour un pareil moment ? Est-il vraisemblable qu'elle ait voulu se faire prendre en flagrant délit de vol ? Ce n'est pas tout encore.

Oui certes, il faut bien revenir sur les accidents de l'hypnotisme. Ils ne sont pas niables, et les médecins eux-mêmes n'en sont pas exempts. On connaît bien des faits de sujets pourvus de quelque tare héréditaire et qui étaient en imminence morbide au moment où on tentait sur eux les pratiques de l'hypnose. Ces sujets n'avaient eu antérieurement ni une attaque d'hystérie, ni une attaque d'épilepsie. Par un procédé ou par un autre, on arrive au sommeil provoqué. Et brusquement survient une première attaque d'épilepsie ou d'hystérie, brusquement, au grand désespoir de l'hypnotiseur et de tout l'entourage !

Croyez-vous qu'on puisse supposer le malade lui-même assez insensé pour être l'auteur des accidents par une auto-suggestion ? Mais ce serait contraire à l'essence même de la nature humaine ! Je sais bien qu'on voit des malheureux poussés à cette aberration extrême, qui est le suicide ; mais je ne sache pas que personne se soit rencontré, qui ait voulu de propos délibéré commencer la série des attaques du haut mal ou de la grande hystérie !

Mettrez-vous en cause l'hypnotiseur lui-même ou quelque personne de l'entourage ? Ce serait là une intention criminelle : et je ne voudrais la supposer, je ne puis la prêter à personne, pas même à mes pires ennemis.

Non, Messieurs, la suggestion n'a rien à faire dans ces infortunes, dans ces accidents, dans ces malheurs de l'hypnotisme.

Non certes, la suggestion n'est pas tout dans l'hypnotisme. Et le sommeil provoqué peut bien venir sans aucun élément suggestif.

M. Bernheim nous dit que la suspension chez les tabétiques n'agirait que par suggestion. C'est une façon sommaire d'en juger. Et cependant, croyez-vous que, quand la moelle épinière est le siège d'un processus pathologique, croyez-vous que des troubles vasculaires dans le canal rachidien puissent être sans influence sur la maladie ? Croyez-vous que les mouvements si nombreux et si variés de la série des vertèbres soient sans action sur le processus morbide ? En ce qui me concerne, je veux bien reconnaître que la preuve n'en est point fournie ; mais il ne me répugne pas d'admettre que ces divers éléments aient leur part d'influence néfaste. On dit et on répète que la suspension soulage. Je ne suis pas dédaigneux du témoignage de médecins considérables et de celui des malades en cause : Ils concordent bien pour établir l'atténuation des signes physiques et des troubles fonctionnels, je n'ai pas de motif de le contester. Laissez-moi vous le dire, M. Bernheim, avec tout le respect que je vous dois, mais aussi avec la sincérité qu'il nous faut toujours conserver, laissez-moi vous le dire : ces malheureux tabétiques sont dans un état pénible assez digne de compassion ; nous ne sommes que trop désarmés pour soulager leur infortune. Croyez-moi : ne leur retirons pas cet élément thérapeutique, si minime que vous le pensiez : il contribue à donner de la patience, à consoler les tabétiques, à les encourager ! Ne les privons point de ce secours ; ce ne serait pas une bonne action.

Messieurs, parmi les arguments que nous avons entendu opposer tantôt au traitement du tabes par la suspension, l'un des plus curieux est incontestablement celui qui supprime la suspension proprement dite. La méthode de Sayre place le sujet verticalement : M. le prof. Bernheim nous a exposé sa façon d'agir : il pratique ce qu'il appelle la pendaison horizontale. Le sujet a été par lui soulevé horizontalement au moyen d'une ceinture fixée autour du corps et le résultat a paru vous surprendre ; mais laissez-moi vous le dire, Messieurs, sans la moindre prétention, ce résultat ne m'a aucunement surpris. Il existe un *Traité des maladies des os et des articulations* écrit par M. Macnamara, chirurgien de Westminster hospital à Londres. On y lit une description complète d'un procédé d'application du corset plâtré au moyen d'un hamac, dont l'installation est absolument et rigoureusement horizontale. La description de l'auteur anglais est complétée par deux figures qui ne laissent subsister aucun doute à cet égard. Or la 3ᵉ édition de cet ouvrage porte la date de 1887, la seconde est de 1881 et la première remonte, je pense, à 1879. Notre distingué rapporteur nous a donc présenté une manœuvre qui paraissait lui assurer une priorité; il l'a fait d'une manière inconsciente, je n'en doute pas; mais pour avoir la priorité, il est arrivé dix ans trop tard.

M. Bernheim nous a dit aussi que le massage agissait par suggestion. Sur ce point encore, il m'est absolument impossible de laisser croire que nous sommes tous de son avis.

Ah, s'il s'était borné à en parler ainsi pour les hystériques, auprès desquels tout ce qui sort de l'ordinaire parvient souvent à réussir; s'il en était tenu à en juger ainsi pour les névropathes, dont il faut s'occuper pour les convaincre de guérison; s'il s'était borné à viser les sujets nerveux, qui souffrent toujours par quelque côté et dont il faut quand même frapper l'imagination; alors j'aurais été absolument de son avis, et je crois que personne ici, ni ailleurs, n'aurait élevé la moindre contradiction.

Mais je ne puis oublier que j'ai l'honneur de faire partie de la *Société de Chirurgie*; et il m'est impossible de laisser aussi allègrement biffer l'un des progrès récemment et incontestablement acquis à la thérapeutique chirurgicale au sein de cette savante Compagnie.

M. le Dʳ Just Lucas-Championnière soignait, comme nous tous, les fractures juxta-articulaires pendant deux et même trois mois, par les anciennes méthodes. Depuis qu'il y applique le massage, le traitement est abaissé à quatre et même à trois semaines. C'est là un fait désormais établi, non-seulement sur le témoignage de son auteur, mais sur la discussion de la *Société de Chirurgie*, sur les succès obtenus en France et à l'étranger par un grand nombre de chirurgiens; moi-même j'en ai vu plus de quinze exemples. La preuve était bien fondée sur l'authenticité, la certitude des signes physiques de fractures, constatés par mes internes avant de l'être par moi-même; et le résultat était basé sur la valeur fonctionnelle du membre du blessé. Croyez-vous que la suggestion soit pour quelque chose dans cette efficacité du massage? Croyez-vous que la suggestion soit pour quelque chose dans la consolidation de ces fractures?

Mais ce n'est pas tout M. le Dʳ P. Berger a depuis longtemps établi l'importance des arthropathies du genou après les fractures du fémur : il en a montré l'importance et la tenacité. Plus récemment, on a trouvé des altérations analogues dans les articulations placées en-deçà et au-delà de bien d'autres os fracturés. Trop souvent il arrive que ces arthropathies consécutives aux fractures résistent à toutes sortes de moyens thérapeutiques ; seul le massage en vient à bout. Croyez-vous que là encore la suggestion y soit pour quelque chose ?

J'en pourrais dire autant de l'électrothérapie.

Mettons à part les hystériques, les névropathes et tous les autres sujets nerveux. Il reste bien d'autres circonstances, en médecine autant qu'en chirurgie, où il existe autre chose que des troubles fonctionnels. Alors chacun peut constater des signes physiques, dont la valeur n'est pas sujette à controverse. Je n'en veux pour preuve que certains sujets atteints de paralysie infantile, que j'ai vu soigner à l'hôpital Saint-Antoine avec méthode et avec persévérance, par mon excellent maître M. le Dr Constantin Paul. Nous avons vu les signes physiques disparaître ; et l'amélioration obtenue était vraiment indéniable. Il en existe d'ailleurs une multitude d'autres témoignages et je ne puis me défendre d'un pénible étonnement, en entendant faire si bon marché de l'œuvre si laborieusement et si justement acquise par Duchenne (de Boulogne), continuée par M. le Dr Onimus et par tant d'autres confrères français, qui montrent avec tant de sagacité tout ce que peut l'électrothérapie, quand elle est judicieusement et savamment appliquée.

Laissez-moi vous dire que j'ai été encore plus surpris quand j'ai entendu M. Bernheim mettre sur le compte de la suggestion les résultats, cependant si curieux, de la métallothérapie. Je croirais manquer aux égards que je dois au sympathique et très digne président de notre Congrès, si je me permettais de présenter les arguments qui seraient de nature à défendre devant vous la cause de la métallothérapie. Cette cause, vaillamment soutenue par M. le Dr Dumontpaillier devant la *Société de Biologie*, est en trop bonnes mains pour que je tente d'y ajouter quoi que ce soit ; et je prie M. notre Président de vouloir bien nous dire lui-même ce qu'il en pense.

Un mot encore, pour bien montrer que la suggestion n'est pas tout.

Un hypnotiseur très distingué et très expert en la matière, me disait hier, avec une grande bienveillance, tout ce qu'il faisait pour bien manier ce moyen de produire l'hypnose. Aux quelques questions que j'avais la confiance de lui adresser, ce savant confrère me faisait l'honneur de me répondre qu'il ne réussissait pas toujours à suggérer le sommeil à certains sujets. Alors, il fallait bien employer d'autres moyens que celui de la suggestion. Il faisait donc prendre du chloral ; puis il essayait la suggestion. Il ne réussissait pas toujours. Une autre ressource était employée à son tour : c'est l'injection hypodermique de morphine. Si la suggestion n'aboutissait pas encore à produire le sommeil hypnotique, une nouvelle dose de chloral était administrée, ou une nouvelle injonction de morphine. Les médicaments hypnotiques étaient ainsi accumulés, à deux ou trois reprises s'il le fallait, et le sommeil finissait par être obtenu au moyen de la suggestion. Donc, alors même que la suggestion est maniée par des mains habiles et expérimentées, cette puissante ressource a été prise en défaut; elle n'est pas à l'abri de quelques défaillances.

Or, savez-vous, Messieurs, qui était le savant et loyal confrère qui m'en parlait de la sorte?

C'était M. le professeur Bernheim lui-même.

C'est pourquoi je me crois en droit de conclure que la suggestion n'est pas tout pour produire l'hypnose ; — que tout ne vient pas de la suggestion, et que, même avec le talent incontestable et la haute compétence du savant chef de l'école de Nancy, après la brillante et lumineuse exposition qu'il vient de nous présenter, il nous est encore impossible d'admettre qu'en dehors de la suggestion il ne reste plus rien.

M. BERNHEIM dit que M. Guermonprez lui fait dire ce qui n'est pas dans son rapport et relit un passage relatif à l'électrisation.

M. GUERMONPREZ. — Si vous vous en tenez aux hystériques, aux névropathes et à tous les sujets qui ont une tare du système nerveux, nous sommes parfaitement d'accord. Dans toute la thérapeutique qui leur est attribuable, il faut faire une grande part à la suggestion.

Mais il y a dans votre rapport un autre passage, où il est question non plus seulement d'électrophérapie, mais encore de massage, de suspension, d'hydrothérapie, de métallothérapie et de plusieurs autres choses encore. C'est tout ce passage que j'ai eu en vue, et nullement celui que vous relisez

ARGUMENTS PRÉSENTÉS

après le rapport de M. Jules Liégeois, professeur à la Faculté de Droit de Nancy, sur les rapports de la suggestion et du somnambulisme avec la jurisprudence et la médecine légale ; la responsabilité dans les états hypnotiques.

Après l'argumentation serrée, nourrie de faits, qui vient d'être présentée par M. le Dr Gilles de la Tourette, il est presque superflu de revenir sur la différence qui sépare ce qu'on appelle l'école de Nancy et l'école de la Salpêtrière. M. le professeur Bernheim en avait atténué l'importance avec toute la courtoisie possible ; mais voici que M. le professeur Liégeois en fait éclater l'antagonisme d'une façon plus grande que jamais.

Il est pourtant désirable qu'on arrive à s'entendre ; et, n'appartenant ni à l'une ni à l'autre école, je ne puis me défendre de relever quelques points du rapport très étudié et très habilement présenté de M. Liégeois Ces quelques points pourraient être considérés comme acquis si personne ne venait les contester.

Sur le côté historique, M. Liégeois n'a sans doute pas voulu épuiser la question ; mais, avec son autorité d'homme de loi, il nous a dit qu'il voulait rendre justice. Or la justice consiste, en cette occurrence, à établir le droit de priorité. — M. Liégeois cite son auteur, M. le Dr Liébault (de Nancy). — A cette affirmation, M. G. de la Tourette en oppose une autre et il nomme M. Charpignon. — Il faut bien reconnaître que l'un a dit la vérité et que l'autre est dans l'erreur. Toute la justice se résume dans une question de date. Pour l'un c'est 1860, pour l'autre 1866. Dans cette façon de rendre justice, j'ai le regret de le dire : il m'est impossible de partager l'avis de M. Liégeois.

M. le Rapporteur affirme qu'à la Salpêtrière, il n'est question que du grand hypnotisme et qu'on laisse à Nancy un reste, le petit hypnotisme. Il semble en résulter quelque chose de dédaigneux dans ce contraste entre le grand hypnotisme de la Salpêtrière et le petit hypnotisme de Nancy.

M. le Rapporteur affirme que les deux écoles sont en opposition complète. Lui, qui n'est pas médecin, me permettra de revenir sur le terrain exclusivement médical. Le contraste, qui est si grand dans les mots, est une conséquence inévitable de la nature des choses. La vérité, je la constate très haut, et en présence de plusieurs membres distingués de cette école de la Salpêtrière : la vérité, c'est que jamais rien de malveillant, jamais rien de dédaigneux, jamais rien de blessant n'est entré en ligne de compte pour déterminer le choix des expressions employées.

— Un professeur de droit n'est pas tenu d'en connaître ; mais qu'il me permette de lui dire : il y a un précédent.

Parmi les maladies dont la notion et la description sont aussi vieilles que la médecine elle-même, il en est une que les anciens appelaient *morbus sacer*, et que nous nommons épilepsie. Or les épileptiques ne se comportent pas tous de la même façon : il en est qui tombent brusquement, restent sans connaissance pendant des heures entières, sont tétanisés, ont l'écume à la bouche et conservent après ces émouvantes attaques une diminution plus ou moins grave qui persiste pendant un temps variable : ceux-là tombent du haut mal, ils ont l'épilepsie complète. — Mais il en est d'autres dont la maladie se réduit à une simple absence, à une incontinence d'urine, à une forme spéciale du caractère, à une fugue inexpliquée : ceux-là aussi sont des épileptiques, mais ils ne tombent pas du haut mal. Tous les médecins sont d'accord pour dire qu'ils sont purement et simplement atteints du petit mal.

Il en est de même pour l'hystérie, et on réserve le nom de grande hystérie au type des grandes attaques si bien décrites par M. le professeur Charcot et par M. le Dr P. Richer, tandis qu'on ne l'attribue jamais à ces mille autres formes qui font de cette maladie un véritable Protée de la pathologie.

Les mots existent, il faut bien s'en servir pour exprimer les faits ; et il n'est loisible à personne d'en changer la valeur et la portée. — Ceux qui connaissent les difficultés du diagnostic au début d'une maladie, ceux qui savent combien il est délicat de déterminer une espèce morbide lorsqu'elle n'a pas évolué avec tous ses signes savent très bien que ce n'est pas un mince talent d'arriver avec certitude à préciser la nature du mal dès ses premières manifestations Aussi n'est-il pas possible de soutenir sérieusement que la Salpêtrière ait voulu monopoliser quelque chose de grand de l'hypnotisme, et prétendre ne laisser qu'un débris, quelque chose comme un reste aux hommes distingués qui travaillent à l'avancement de la science dans la Faculté de Nancy.

Ce qu'il ne faut pas oublier, c'est qu'à la Salpêtrière, le terrain est tout préparé par un groupement de sujets hystériques. Ce qui n'est pas niable, c'est que, pour observer le grand hypnotisme, il est bon que le sujet soit un véritable hystérique.

Mais ce qui devient une erreur, c'est de prêter à la Salpêtrière ce propos tant de fois ressassé que « si un sujet est hypnotisable, c'est » qu'il est hystérique. » Là comme ailleurs, on a constaté, on a enseigné et on a démontré que tous les hystériques ne sont pas hypnotisables. Il en est de même d'ailleurs des aliénés. Il en est qui sont rebelles à l'hypnotisme : ce sont les agités, ceux-là qu'il faut surprendre pendant le sommeil physiologique, chloralique ou opiacé. Hystérie et hypnotisme ne sont donc pas nécessairement connexes.

Réciproquement, si à Nancy on hypnotise un sujet, il n'y a personne à Paris qui soit disposé à en conclure que ce sujet soit un hystérique. M. le professeur Charcot n'a jamais dit pareille chose, ni personne des hommes distingués qui se groupent autour du maître à la Salpêtrière. Ce qui a été observé à Nancy est accepté à la Salpêtrière et je ne connais personne qui se montre sceptique à l'égard de ce qu'il n'y a pas vu. Je n'y ai trouvé personne qui se soit montré disposé à contester ce dont il n'a pas été témoin. On accepta ce qui vient de Nancy.

Ce n'est donc pas là qu'existe l'opposition complète dont parle M. Liégeois. Ce n'est pas là qu'éclate l'antagonisme entre l'école de la Salpêtrière et celle de Nancy.

M. le Rapporteur a mis en cause M. le professeur Brouardel et il relève « dans son *cours de médecine légale* que les somnambules ne » réalisent que les suggestions agréables ou indifférentes que leur » offre un individu agréable (*Gazette des hôpitaux* 8 novembre 1887, » p. 1125) ».

Mais je me souviens que ce n'est pas tout à fait là la pensée du célèbre professeur de médecine légale de Paris et je me rappelle un « presque » qui modifie singulièrement la citation que nous venons d'entendre (1).

M. le professeur Brouardel est un observateur trop judicieux et trop sagace pour faire aussi bon marché des suggestions. Il sait, autant que personne d'entre nous, qu'on arrive à suggérer bien des choses désagréables. Tout le monde a pu en voir dans les séances théâtrales : c'est l'une des « expériences » dont font toujours parade les exploiteurs financiers de l'hypnotisme. Ils y insistent, ils y entraînent leurs sujets et ils parviennent à leur résultat, malgré les résistances parfois bien tenaces du malheureux, qui devient ainsi le jouet de la foule.

Et nous, Messieurs, qui avons entendu les communications si justement applaudies de M. le Dr Aug. Voisin et de M. le Dr Edg. Bérillon, nous qui savons ce qui se passe à l'asile de Villejuif et dans le quartier Rambuteau de la Salpêtrière, pourrions-nous encore mettre en question la possibilité de suggestions efficaces, alors même qu'elles sont désagréables, antipathiques au sujet ? N'avons-nous pas admiré les résultats heureux obtenus chez certains aliénés et chez certains enfants vicieux ou dégénérés, et cela malgré toutes les résistances de ces infortunés sujets ?

Eh bien non, il n'est pas possible de laisser croire que l'éminent professeur de médecine légale de Paris méconnaisse des faits aussi avérés, aussi incontestés ; et j'aime à penser que ce maître si courtois et si distingué ferait éventuellement la juste part du mérite et de la dextérité exceptionnelle des observateurs de Nancy, lorsqu'ils manient la suggestion malgré la résistance de leurs sujets.

Je n'insiste pas sur les autres passages que je m'étais proposé de relever dans le Rapport de M. le professeur Liégeois ; mais je ne

---

(1) Vérification faite, voici, en effet, comment se poursuit le texte de la leçon de M. le professeur Brouardel : « ... Mais, si ces suggestions mettent en révolte
» ses affections personnelles ou ses instincts naturels, la somnambule oppose une
» résistance PRESQUE invincible. Vous arriverez assez facilement, après quelques
» insistances, à faire signer un reçu de cinquante francs, par exemple ; mais
» vous n'obtiendrez jamais, d'une femme qui les a conservés, une chose contraire
» à ses instincts de pudeur...... Il y a là un élément, au-delà duquel la puis-
» sance du magnétiseur ne va pas ; et c'est très important, au point de vue
» médico-légal. »

puis pas laisser passer sans protestation la façon dont il témoigne sa reconnaissance à Hansen, à Donato, à Léon. Je ne puis pas laisser passer la façon inacceptable dont il proclame que c'est, pour lui, un avantage pour étudier l'hypnotisme que de n'être pas médecin. Ainsi, dit-il, il n'a pas de préjugés.

M. Liégeois proteste que cela n'est pas dans son Rapport.

M. Guermonprez. — C'est vrai; mais il est incomparablement plus grave de trouver pareille chose dans votre livre, sans pouvoir l'atténuer par l'entraînement d'une discussion, sans pouvoir l'excuser par l'improvisation d'un rapport rapidement écrit. Ce qui est grave, c'est de trouver pareille chose dans ce livre qui est de vous, dans ce livre qui est écrit avec toute la circonspection, la maturité et la responsabilité qu'il est impossible d'écarter de la signature d'un homme de loi.

Eh bien oui, votre jugement est grave, M. Liégeois; et je ne puis vous laisser croire que la protestation qui vous a été tout à l'heure formulée avec tant d'ardeur par M Gilles de la Tourette, je ne puis vous laisser croire que ce soit là une protestation isolée, ni même celle d'un représentant autorisé de l'école de la Salpétrière.

Oui certes, nous médecins, nous avons des préjugés, et ces préjugés nous les revendiquons hautement : ils sont la résultante de notre instruction scientifique, de notre éducation professionnelle et des grandes et nobles traditions de la médecine française, j'ose même dire de la médecine de tous les pays.

Nous savons, nous médecins, que l'hystérie antérieurement latente a quelquefois commencé son évolution désastreuse après des séances intempestives d'hypnotisme. Nous savons que la chorée ou danse de Saint-Guy a quelquefois eu un point de départ semblable. Nous connaissons des faits de déséquilibration mentale, d'épuisement nerveux et même de suicide. Nous avons été témoins attristés de l'aggravation de désordres nerveux de toute nature après des abus d'hypnotisme. Nous avons été surtout émus de ce désastre de la liberté, qui se traduit pour les sujets hypnotisés par une déplorable tendance à l'état de subordination.

Nous qui voyons de plus près les faiblesses de la nature humaine, nous connaissons comment sont malheureusement prédisposés les hommes qui savent vivre d'abstraction, se faire attentifs, concentrer leur esprit. Nous savons aussi ces tendances pour les êtres psychologiquement faibles, pour les adolescents, pour les enfants, pour ceux qui sont fatigués, pour ceux qui sont diminués par le surmenage, par la maladie ou par tant d'autres choses. Nous souffrons de voir ces êtres débiles devenir des automates, des victimes toutes préparées pour les exploiteurs financiers de l'hynotisme.

Nous, médecins, nous sommes les défenseurs nés de ces petits et de ces faibles.

Et, si vous entendez de près des propos dont l'assurance et l'audace me bouleversent, tant elles m'étonnent; si vous entendez dire que l'hypnotisme entre certaines mains n'a jamais fait de mal aux malades et « qu'il ne peut faire de mal à personne », entendez bien aussi que tout le monde n'est pas de cet avis. Tout le monde n'a pas la prétention, je dirai presque la fatuité, de se croire et de se proclamer à ce point infaillible.

Tous les médecins font partout de leur mieux pour guérir leurs malades autant que possible, pour les soulager bon gré mal gré, pour les encourager et les consoler quand ils ne peuvent plus davantage. Mais quand nous nous trouvons en présence de l'hypnotisme, nous admettons qu'il reste encore des inconnues; nous nous gardons de méconnaître le grave avertissement qui menace les médecins eux-mêmes, dans une magistrale leçon de M. le professeur Brouardel, celle-là que vous citiez tout à l'heure, M. Liégeois. Après un grand malheur imputable à l'hypnotisme, un médecin a été obligé de s'expatrier : voilà le fait, voilà l'avertissement. Donc, les médecins ne sont pas à l'abri des grands malheurs de l'hypnotisme !

Libre à vous de vous faire à Nancy les défenseurs de Donato, Hansen, Léon et autres audacieux, qui osent risquer l'aventure de donner le sommeil hypnotique à tout venant, qui poussent leur audace présomptueuse jusqu'à entraîner leurs sujets dans des expériences accumulées, qui laissent derrière eux des déceptions, des déchéances et bien d'autres accidents, et qui s'en vont dans d'autres villes poursuivre la lucrative exploitation de la curiosité malsaine d'un public oisif et imprudent, pour ne pas dire davantage.

Mais ne comptez plus sur nous pour vous suivre sur ce terrain.

Nous sommes désormais avec M. le professeur Pitres (de Bordeaux), avec M. Pierre Janet (du Hâvre), avec bien d'autres encore et surtout avec ce maître éminent qui est l'illustre professeur Charcot, avec tous ceux qui se font un devoir de ne jamais pratiquer l'hypnotisme à l'aventure, de le réserver pour des sujets déjà compromis par l'hystérie, la folie, l'état vicieux ou dégénéré.

Nous sommes avec ces hommes distingués, qui reçoivent les épaves accumulées après les troublantes et désolantes séances publiques d'hypnotisme.

C'est notre préjugé à nous, et c'est notre conviction profonde, que nous maintenons ainsi et pratiquons de notre mieux les saines et véritables traditions de la médecine française ; c'est là que nous voyons le mieux observer la première règle du vrai médecin ; c'est là que nous suivons des maîtres réellement, sincèrement et pratiquement prudents.

Lille Imp. L. Danel.

www.ingramcontent.com/pod-product-compliance
Lightning Source LLC
Chambersburg PA
CBHW071423060426
42450CB00009BA/1978